CORONA

–

am Grat zwischen

Niedergang und Neuanfang

Tanja und Dr. Siegfried Kalchreuter

eine Kooperation von Tochter und Vater

Poesie trifft Prosa

CORONA
–
am Grat zwischen

Niedergang und Neuanfang

Bibliografische Information der Deutschen Nationalbibliothek:
Die Deutsche Nationalbibliothek verzeichnet diese Publikation
in der Deutschen Nationalbibliografie;
detaillierte bibliografische Daten sind im Internet über dnb.dnb.de abrufbar.

© 2020 Tanja und Dr. Siegfried Kalchreuter
Herstellung und Verlag: BoD - Books on Demand, Norderstedt.

ISBN: 9783751936422

Liebe Leserinnen, liebe Leser,

das vor Ihnen liegende Büchlein ist entstanden in den Tagen vom 29.Januar bis 13.April 2020, während der Fastenzeit bis hin zur Auferstehung Christi, innerhalb einer Zeit, in der CORONA die Menschen weltweit in Unsicherheit, Angst und Panik versetzt hat und es aktuell immer noch tut. Wir befinden uns inmitten einer scheinbar „bewegten Starre", die nicht nur Wirtschaft und Gesellschaft, sondern auch das Leben und Denken der Menschen zu einem Umdenken sowie zu neuen, bislang ungewohnten Handlungsweisen zwingt. Vielleicht dürfen wir genau darin aber die Chance eines Neubeginns erkennen, der dem Planeten und jedem Einzelnen von uns einen Moment des Innehaltens und Atemholens, des Kraftschöpfens und der Rückbesinnung schenkt.

Wir möchten Sie einladen, sich von den folgenden Gedanken, Predigten und Versen inspirieren und ermutigen zu lassen.
In diesem Sinne wünschen wir Ihnen alles Gute.
Bleiben Sie gesund, wachsam und dankbar.

Tanja und Dr. Siegfried Kalchreuter

Im Folgenden sind die Verfasser der einzelnen Texte mit TK für Tanja Kalchreuter und SK für Siegfried Kalchreuter gekennzeichnet.

Schlaglichter

C ovid 19

O pfer

R isikogruppe

O hnmacht

N otfallplan

A usgangssperre

V orerkrankung

I nkubationszeit

R KI

U rsachenmanagement

S chutzanzüge

S ymptome

A nsteckungsgefahr

R isikogebiet

S auerstoffgerät

\-

C hina

O effentlichkeit

V irologe

2 020

Maskenball zu Karneval?!

Nun muss man sich vor Viren schützen:
Mundschutz an und auf die Mützen!
Ein Jeder scheint hoch infiziert,
dann doch lieber vollmaskiert.
Sars, Corona und dergleichen,
kann Mensch ihnen denn ausweichen?
Tag um Tag ein Dutzend Neue,
für keins der Opfer zeigt es Reue.
Verbreitet sich in schnellem Lauf,
setzt sich schon die Krone auf!
Wer will uns in die Knie hier zwingen
und die Welt unter seine Herrschaft bringen?

(TK, 29.Januar 2020)

Die Erste Fastenpredigt

Liebe Gemeinde,
Angst und Hysterie treiben weltweit die Menschen um.
Wer wird wohl der „Nächste" sein?
Bei der Vorbereitung der heutigen Predigt fällt mir die Geschichte von David und Goliath im Alten Testament ein.
Wer ist der Stärkere?
Im Kampfanzug, gepanzert vom Scheitel bis zur Sohle, arrogant und siegessicher, scheinbar unverletzbar und gegen alle Angriffe bestens bewaffnet, forderte der Philister den Schäfer David zum Duell auf.
Ich sehe nun in Goliath die Spezies Mensch, sein wollen wie Gott in allen Lebenslagen, vergleichbar mit der Geschichte vom Turmbau zu Babel:
„Sie waren berauscht von ihrer Kraft und ihrem Können, wollten sich über Gott stellen und ohne ihn leben."
Dem protzenden Goliath steht nun ein Hirte gegenüber, gekleidet mit dem Nötigsten und mit einer Steinschleuder als einzige Waffe, geradezu lächerlich!
Den Hirten David vergleiche ich mit dem Corona-Virus aus der Mikrobiologie ohne Zellwand, nur mit einer DNA ausgestattet, mit Antibiotika nicht zu bekämpfen. Die zweibeinige Makrobiologie wird also von der Mikrobiologie weltweit in Schach gehalten und in die Knie gezwungen.
Gespenstisch leere Städte, hie und da Ausgangssperre, verängstigte Menschen und zunehmend Todesfälle werden im Fernsehen Tag für Tag gezeigt. Und noch kein Ende ist in Aussicht.

Liebe Gemeinde,
was lernen wir daraus, was bedeutet das für uns?
Eingebildetes Machtgehabe im Berufsleben, im Straßen-verkehr, in der Familie, wo auch immer, bringt nur Stress und schadet unserer Immunität. Den eigenen Egoismus gilt es täglich zu bekämpfen! Das Virus macht nicht Halt vor reich oder arm, gesund oder krank.

Unser Stein in der Schleuder wären Dankbarkeit, Bescheidenheit, Demut, Hilfsbereitschaft und ein gutes Herz füreinander.

Liebe Gemeinde, ich wünsche ihnen hierzu die nötige Kraft, Zeit und Ruhe, die derzeitige Krise als echte Fastenzeit zu sehen in ausgewogener Harmonie von Körper, Geist und Seele.

(SK, Sonntag, 08.März 2020)

Die Welt in Atempause

Nun wird die Welt mal angehalten,
verschnauft in ihrem ew'gen Schalten!
das Hamsterrad steht endlich still,
es geht nichts mehr, auch wenn man's will.
Maschinen aus, Betriebskurzschluss,
es läuft nicht mehr, gibt auch kein Muss!
Drum auch der Mensch darf sich besinnen,
innere Kraft und Ruh dabei gewinnen.
Stell die rotierenden Räder ein,
denn das Getriebe schreit laut NEIN!
Besinn Dich wahrer Werte wieder,
leg Angst und Panik einfach nieder!
Spür auf der Schöpfung heilige Kraft,
SIE schenkt Dir Halt und Lebenssaft!

(TK, 13.März 2020)

Die Zweite Fastenpredigt

Liebe Gemeinde,
die Corona-Krise hat inzwischen weite Teile des öffentlichen Lebens lahm gelegt. Die Gesellschaft, ja jeder Einzelne befindet sich für längere Zeit in einer Bewährungsprobe, wie er in der verordneten Isolierung von Beruf, gesellschaftlichen Veranstaltungen verschiedenster Art im Kreis der Familie auf engstem Raum bestehen kann.

Seit dem Wirtschaftswunder der 60iger Jahre wurde unser Sinnen und Trachten geprägt von stetigem Wirtschaftswachstum unter Kostendruck und Gewinnsteigerung der Produktion mit internationaler Vernetzung sowie ellbogenartiger Karrierementalität.

„Machet euch die Erde untertan!" Unsere Kinder sollten es mal besser haben nach den Entbehrungsjahren der Nachkriegszeit, so hörte man die Älteren sagen. Karriere machen auf Kosten anderer gehört zum Geschäftsleben. Das Wort Karriere leitet sich ab vom Lateinischen *carrus* im Sinne vom Wagenrennen, wo man sich gegenseitig im Kreis herumtreibt, vergleichbar mit dem Hamsterrad, wobei man den Blick für das Ganze verliert. Es mangelt an Ganzheitsdenken. Halbwahrheiten, Gerüchte, Spekulationen, Kompromisse, Schönfärberei und Verniedlichung bestimmen den Alltag. Mit Brot und Spielen (lateinisch: *„panem et circenses"*) hält man das Volk ruhig.

Das Wirtschaftswunder brachte Wohlstand. Man hatte genug Geld und konnte sich vieles leisten: Vergnügungen aller Art, Reisen in alle Welt, Eigenheim erwerben und manches mehr.

Inzwischen wächst die zweite Generation im Wohlstand auf, verweichlicht und egoistisch, teilweise sogar mit unverschämtem Verhalten. Schulische Anforderungen wurden herabgesetzt, damit „jeder" mit Abitur den schulischen Werdegang abschließen kann. Wehrdienst und Ersatzdienst wurden ersatzlos gestrichen. Diese Generation demonstriert, fordert und braucht keine Leistung für die Allgemeinheit bringen. Sie ist geprägt vom schnellen

Gewinn- und Umsatzdenken, von Versuchungen, etwas haben zu müssen, ohne dass man sich es leisten kann.

Wie soll eine verwöhnte Generation mit dieser Lebenseinstellung Krisensituationen meistern können?

Nur wenn Wissen und Machbares unter das Gewissen in Verbindung mit einem festen Charakter gestellt werden, bekommt das Tun einen vollen Wert. Der Reformator Philipp Melanchthon formulierte es so:

„Ein Mensch, der ohne Bildung lebt und handelt, rennt wie ein Schwein in die Rosen."

Weithin fehlt die Charakterbildung, denn unsere Zeit ist durch Hektik, übertriebenen Aktionismus und Konsumsucht gekennzeichnet. „Hab keine Zeit!" ist allenthalben zu hören; man sieht nur das eigene Fortkommen. Alles muss schnell gehen, so dass vieles nicht genug abgewogen und vertieft wird. Weit verbreitet ist die Mentalität „Schnelles Geld machen". Darunter leidet die Gründlichkeit im Denken und Reflektieren, im sauberen Argumentieren und Handeln. Fehlendes Wissen wird durch einfache tendenziöse Schlagworte ersetzt. Entsprechend ist das Handeln in Notsituationen.

Hierzu fällt mir die Geschichte vom Golden Kalb im Alten Testament ein. Der Auszug aus Ägypten forderte viel Entbehrung vom Einzelnen. Sie hatten es einfach satt, so weiter leben zu müssen und schufen aus ihren goldenen Ohrringen ein goldenes Kalb. Und so sprachen die Kinder Israels: *„Das ist unser Gott, der uns aus Ägypten geführt hat, und sie aßen und tranken und sangen und tanzten."*

Liebe Gemeinde,

die derzeitige Krise hat auch etwas Gutes für sich, nämlich über sich nachzudenken, für die Familie da zu sein. Schöpferische Ruhepausen einlegen, sich mal aus der Berufshektik zurückziehen zu können, sind für Geist und Seele unabdingbar. Sich die Frage beantworten, was zählt im Leben noch mehr als nur Geld und Luxus, was macht mich glücklich und zufrieden? Stille und Besonnenheit schützen vor dem Zeitgeist der kurzfristigen Trends. Denn wer den Zeitgeist heiratet, wird bald zum Witwer.

Was werde ich in meinem Leben künftig anders machen, sobald die Krise überstanden ist?

(SK, Sonntag, 15.März 2020)

Der Rat eines Weisen als Quelle des Lebens

ARISTOTELES sagte einmal:
„Lachen ist eine körperliche Übung,
von großem Wert für die Gesundheit!"
Erfreuen wir uns am herrlichen Sonnenschein
und den vielen bunten Blumen!

(TK, 16.März 2020)

Der römische Staatsmann und Philosoph CICERO
schrieb in einem Brief an seine Freunde:
„Si hortum cum bibliotheca habes, nil deerit!"
„Wenn du ein Gärtchen hast und eine Bibliothek,
so wird es dir an nichts fehlen!"
Wie recht er doch hatte!
Homeoffice ermöglicht manch einem
nun den Arbeitsplatz mit Blick in die Natur.

(TK, 17.März 2020)

Von JUVENAL stammen die Worte:
„Orandum est ut sit mens sana in corpore sano."
„Beten muss man darum,
dass ein gesunder Geist in einem gesunden Körper wohnt."

(TK, 18.März 2020)

Das große Rollen

Früh um Acht beginnt der Wahn,
denn da strömen sie in Schar'n.
Und der Parkplatz ist im Nu,
von Aldi, Lidl, Norma zu.
Dick in Mantel, Schal und Mütze,
damit man ja den Körper schütze,
roll'n die Kunden eilig vor,
den Einkaufswagen durch das Tor.
Erstmal drin im Schlaraffenland,
wird abgeschritten Wand für Wand.
Akribisch und mit Scanner blickt,
der Greifarm packt, was er auch kriegt.
Gar mancher hält in purem Wahn,
krampfhaft geschriebenen Notfallplan.
Panik spricht aus vielen Augen:
„Will Vordermann die Nudeln rauben?
Reichen fünf Pakete Klopapier,
für zwei Tage Quarantäne mir?
Hülsenfrüchte, Milch und Reis,
Konserven, Tiefkühlpizza, Mais.
Spülmittel und Desinfektion,
hab ich zum Glück ergattert schon!"
Auch wenn der Wagen quillt schon über,
schielt man heimlich doch zum Nachbarn rüber:
„Hat der etwa mehr als ich,
verpasst mir gleich ins Herz ´nen Stich!
Hab auch ja ich nichts vergessen,
an Andren sollt ich mich jetzt messen.
Vier mal Salz, drei Kisten Bier,
solange es sie noch gibt hier!
Zwieback, Toast und Knäckebrot,
werf ich rein in meiner Not.
Spinat, den ich doch gar nicht mag,
in Krisen ich nicht widersag!"

Ab halb zehn wird's interessant,
wer so spät kommt - welche Schand -,
der hat wahrlich Schwierigkeit,
zu kämpfen mit Fressgier und Neid.
„Frisches Obst um diese Zeit,
werter Herr, es tut uns leid,
das ist schon seit Stunden weg!
Auch der Ingwer, ach du Schreck!"
„Wie nur kann man überstehen,
ohne feuchte Tücher von hier gehen?
Das darf im Kaufhaus doch nicht sein,
da muss sofort neue Ware rein!"
Langsam bricht der Schweiß mir aus,
bei all dem Einkaufstress – oh Graus!
Sind das schon die ersten Zeichen?
Corona soll bloß von mir weichen!
Ich schieb den Wagen vor mir her,
doch das Durchkommen fällt so schwer.
Wahre Fahrkunst gilt's zu beweisen,
in 1-Meter-Abstand zu umkreisen,
zu umkurven alle Leute
und nebenbei noch machen Beute.
Fiebrig schon und innerlich verbissen
- doch das darf die Außenwelt nicht wissen -
senk ich nach unten den Blick stur,
als wär' ich cooler Denker, lässig nur.
Schießt dann ein Wagen um das Eck,
hau ich rein die Brems im Schreck!
Denn schlimmer noch als fehlendes Klopapier,
wär' doch die Tatsache, dass ich mich kontaminier!

(TK, 19.März 2020)

Die Dritte Fastenpredigt

Liebe Gemeinde,
die heutige Fastenpredigt möchte ich mit Zitaten zweier Persönlichkeiten beginnen, die Geschichte machten. Zunächst Leonardo da Vinci: *„In der Natur gibt es keinen Irrtum, doch wisse, der Irrtum liegt bei dir"* und der Pädagoge Pestalozzi: *„Früher oder später, aber gewiss immer, wird sich die Natur an allem Tun der Menschen rächen, was wider sie ist."*
Man könnte die beiden als Propheten bezeichnen, weil sie die Menschen warnten und auf Missstände hinwiesen vergleichbar mit den Propheten des Alten Testamentes.
„Die Menschen vermehrten sich auf Erden, und aus der Familie wurde eine Sippe und aus der Sippe ein ganzes Volk. Aber auch die Bosheit nahm zu, und das Dichten und Trachten der Menschen war böse immerdar. Da sprach Gott bei sich selbst: Ich will sie alle von der Erde vertilgen; es reut mich, dass ich sie erschaffen habe" (1.Mose 6-9).
Und so wurde die Menschheit bis dato von Katastrophen aller Art wie Seuchen, Kriege, Hungersnöte u.ä. heimgesucht. Trotzdem wuchs die Weltbevölkerung unaufhaltsam. Betrug sie um das Jahr 1000 ca. 600-800 Millionen, so ist sie derzeit auf knappe 8 Milliarden angewachsen. Die Prognose bis zum Jahr 2050 lautet 12 Milliarden Menschen!
Die Frage ist nun, wie geht der Mensch als letztes Glied der Evolution, vom Schimpansen mutiert, mit der Schöpfung bzw. mit unserem Planeten um. Ist ihm seine Verantwortung für eine Harmonie in den existentiellen Beziehungen von Boden – Pflanze – Tier – Mensch bewusst? Aus einer Dreifelderwirtschaft, bei der im Wechsel jährlich ein Drittel der bewirtschafteten Fläche „ruhen" durfte (Winter-, Sommergetreide, Brache), wurden durch intensive Nutzung die landwirtschaftlichen Böden „ausgelaugt", um die Ernährung der wachsenden Bevölkerung zu sichern. Ein Zitat von Justus von Liebig (1865), der die Mineraldüngung zur Bekämpfung der Hungersnöte einführte, gibt die damalige Ausbeutung der Böden wider:

„Wahrlich, wenn diese Böden schreien könnten wie eine Kuh oder ein Pferd, denen man ein Maximum an Milch oder Arbeit mit dem geringsten Aufwand an Futter abquälen wollte, für diese Landwirte würde die Erde schlimmer als die Dant'sche Hölle sein." Aus Dörfern wurden gigantische Städte mit z.T. Millionen von Einwohnern. Die Landwirtschaft musste wertvolle Flächen der Urbanisierung („Flächenfraß") einer stetig wachsenden Weltbevölkerung „opfern". Mittels „Kunstdünger", Pflanzenschutzmittel und Pflanzenzüchtung konnten die Erträge der Nutzpflanzen erheblich gesteigert werden. Großflächige Monokulturen, z.B. Mais mit mehrjährigem Anbau auf gleicher Fläche, veränderte die Kulturlandschaft, wobei das Bodenleben als Voraussetzung für einen gesunden Boden infolge Bodenverdichtung und Spritzmittel immer mehr zerstört wurde. Bei Starkregen verlor der Boden infolge Erosionen wertvolle Bestandteile; zurück blieben unfruchtbare „Betonböden". Mit der Ertragssteigerung beispielsweise im Getreidebau auf 80 und mehr dt/ha verdünnte sich der Gehalt an Spurenelementen je Gewichtseinheit. Dasselbe erfolgt bei intensiver Nutzung des Grünlandes mit fünf und mehr Schnitten/ha. Versauerung der Böden infolge einseitig ertragsteigender Stickstoffgaben sowie der Klimaveränderung mit zunehmender Erderwärmung führen zu Spurenelementmangel. Beispielsweise wurde 1957 Selen als essentielles Spurenelement für Mensch und Tier erkannt. Da es pflanzenbaulich nicht ertragsrelevant ist, wurde und wird diesem Mikronährstoff im Allgemeinen keine Bedeutung beigemessen. Durch jahrzehnte- und jahrhundertelanges Anbauen und Ernten wurde Selen entzogen, aber nicht entsprechend zugeführt. Selen ist Bestandteil zahlreicher Schutzenzyme, bedingt eine effektivere Antikörperbildung, macht die Zellen stabiler und wirkt Entzündungen entgegen. Beispielsweise bricht ein Virus erste dann in eine Zelle ein, wenn der Selen-Vorrat in der Zelle aufgebraucht ist. Vom Selen-Mangel sind weltweit rund 1 Milliarde Menschen betroffen. Selenarme Böden in Europa gibt es in Deutschland (besonders in Südbayern und Allgäu),

Dänemark, Schottland, in den Balkanstaaten. Indien, China, der Süden Südamerikas sowie der Südwesten der USA sind nicht minder betroffen. Da sich im Laufe der Evolution die Ernährungsweise des Menschen vom pflanzlichen Eiweiß sukzessiv zu tierischem Eiweiß entwickelte, musste die Nutztierhaltung dem ungebremsten Wachstum der Weltbevölkerung angepasst werden, zumal die Einkommen in der westlichen Welt einen üppigen Lebensmittelverzehr einschließlich ausländischer Produkte wie argentinisches Rindfleisch und exotische Früchte aller Art ermöglichten.

Aus ökonomischen Gründen waren die Bauern gezwungen, Milch, Fleisch und Eier in großen Tierbeständen zu erzeugen. Durch gezielte Zuchtarbeit und bedarfsgerechte Fütterung erbrachten die Nutztiere bei Milch, Ferkelzahl je Sau und Fleischzuwachs in der Mast (das 100-Tage- Schwein) ungeahnte Höchstleistungen. Unter Einsatz von Antibiotika war es möglich, die Massentierhaltung z.B. bei Geflügel (Eier, Mast) möglichst von Infektionskrankheiten (z.B. Salmonellose) freizuhalten.

Ein Großteil der Menschheit lebt in Millionenstädte, dicht gedrängt auf wenige Quadratmeter, eigentlich menschenunwürdig. Die Arbeitswelt des heutigen Menschen, politisch gewollt, ist geprägt von Wachstum und Gewinnmaximierung. Touristische Verlockungen in alle Welt lassen ihn nicht zur Ruhe kommen. Diese und andere Umstände schwächen sein Immunsystem und machen ihn anfällig für allerlei Infektionskrankheiten, die sich weltweit ausbreiten. Der Antibiotikakonsum hat deshalb enorm zugenommen. Polyresistente Keime und Viren machen der Medizin zu schaffen und halten die Menschheit in Schach. Trotzdem ermöglicht der medizinische Fortschritt für viele Menschen den innigsten Wunsch, möglichst lange am Leben zu bleiben, selbst wenn verschiedene Organe wie Herz, Nieren, Leber oder Teile des Skeletts (Hüfte) ersetzt werden müssen. Die „anti age" - Industrie tut das Ihrige dazu und verzeichnet höchste Umsätze.

Im „Rausch" des vermeintlich immerwährenden Wohlstandes und einer wachsenden Mentalität, nur die Hand aufzumachen, damit der „Goldesel" (Staat) sich regt und streckt und Geld fließen lässt, werden existentiell altbewährte Lebensregeln unserer Vorfahren von der jüngeren Generation über Bord geworfen und belächelt. Der *„homo sapiens"*(?), dem Mammon zugewandt, übt sich in frevelhafter Selbstüberhebung („Hybris"). Entfesselte Medienwelt, verführerische Konsum- und Freizeitangebote lassen den Menschen abdriften in eine virtuelle Scheinwelt, wovon vor allem computersüchtige junge Leute betroffen sind, die dann in psychiatrischen Kliniken behandelt werden müssen und der Allgemeinheit zur Last fallen. Aus der Gier, immer mehr haben zu wollen und sich ausleben zu können, wächst egoistisches Verhalten mit Schuldzuweisungen anderer gegenüber, wenn etwas schief geht. Hierzu fällt mir ein Zitat des chinesischen Philosophen Konfuzius ein:

„Der Weise sucht die Ursachen seines Misslingens in seiner eigenen Person, der Durchschnittsmensch sucht den Grund seines Versagens in anderen."

Der Mensch entwürdigt sein Leben zu einem bloßen Vegetieren mit innerer Leere. Daraus entsteht Neid, der das Blickfeld und die Wahrnehmung der eigenen Wirklichkeit einschränkt. Man wird verbittert und das führt zur Lieblosigkeit. *„Neid ist der Eiter in den Gebeinen"*, steht in den Sprüchen des Alten Testamentes. Er bringt also den ganzen Körper in Gefahr. So galt Neid in der mittel- alterlichen Theologie als eine der Todsünden.

Uns Älteren wurde bereits in der Kindheit unmissverständlich klar gemacht:

1.) **„Sparst du in der Zeit, so hast du in der Not!"**

Doch dem Volk wurde eingeredet, dass Sparen aufgrund geringster Zinsen kein Sinn hätte. Billige Kredite sind für Investitionen aller Art aufzunehmen, um sich ein schönes Leben zu machen. Schönste Gegenstände landeten auf den Werkstoffhöfen.

2.) **„Es wird nur das gekauft bzw. angeschafft, was man wirklich braucht und auch bezahlen kann, ohne Schulden zu machen!"** Die wöchentliche verführerische Flut von

Reklameprospekten gab es nicht. Leben auf „Pump", um Bedürfnisse zu befriedigen, war unmöglich.

3.) Die Ernährung war nicht üppig, aber gesund! Sie entsprach den physiologischen Bedürfnissen. Völlerei und Orgien kannte man nicht. Übergewichtige Menschen waren selten. Man ging zu Fuß oder fuhr mit dem Fahrrad zur Schule. E-Fahrräder gab es nicht, man hielt sich viel in der Natur auf, kannte Flora und Fauna. Diabetes, Herz-Kreislauf-Erkrankungen oder Hüftleiden waren sehr selten. Fleisch gab es nur einmal in der Woche. Umso mehr freute man sich auf den sonntäglichen Braten zuhause (!) nach dem Kirchgang.

4.) Die Mithilfe im Haushalt war selbstverständlich, um die Mutter zu entlasten! Ausreden, man müsse für die Schule lernen, wurden nicht geduldet.

5.) Die Voraussetzung für den Besuch einer höheren Schule war eine mehrtägige Aufnahmeprüfung. Dies war die erste Selektionsstufe. Im Laufe der Gymnasialzeit wurde einem jeden klar aufgrund der eigenen Fähigkeiten und Neigungen, ob das Abitur erstrebenswert ist mit nachfolgendem Studium. In der Regel hielt nur etwa die Hälfte der Schüler von der 1. Gymnasialklasse an bis zur Reifeprüfung (Abitur) durch. Die anderen verließen die Höhere Schule mit der Mittleren Reife. „Burnout" bzw. Psychosen bei den Studenten gab es nicht. Man war bestrebt, möglichst schnell die Studienzeit hinter sich zu bringen. Der Beruf hatte Priorität vor den eigenen Interessen. Nachhilfeunterricht zu nehmen, war in der Regel nicht nötig; man lernte eben solange, bis man den Unterrichtsstoff beherrschte.

6.) Für alle Lebensbereiche galt der Grundsatz: **„Was auch immer du tust, mache es klug, bedenke aber das Ende!"** (Philosoph Seneca) So galten die 10 Gebote als Orientierung für den Lebensstil.

7.) Gesundheitliche Vorsorge und kleinere Behandlungen nach altbewährten Hausrezepten waren selbstver-ständlich. Man rannte nicht gleich zum Arzt und ließ sich krankschreiben.

8.) **Mit Wasser ging man sparsam um**. Gebadet wurde am Samstagabend. Tägliches Duschen unter Verwendung aller möglichen Chemikalien hätte nur den natürlichen „Schutzschild" der Haut zerstört. Darum gab es kaum Hautkrankheiten.

9.) **Christliches und soziales Engagement der Jugend.** Als Jugendlicher war man in der Gemeindejugend der örtlichen Kirche, später im CVJM und nahm an deren angebotenen Freizeiten teil.

10.) **Heirat erst nach abgeschlossener Berufsausbildung und mit fester Anstellung.** Zuvor ging eine Verlobungszeit voraus, um sich näher kennen zulernen. Scheidungen gab es fast nicht, auch wenn es hie und da mal in der Ehe „krachte". Man versöhnte sich und der „Kittel" war wieder geflickt.

Liebe Gemeinde,

die weltweite Corona-Krise zeigt uns, dass unser global vernetztes Wirtschaftssystem uns über Jahre zwar reich gemacht hat, aber infolge eines einzigen Virus über Nacht lahm gelegt wurde. Dieses „Menetekel" sollten wir als Warnungszeichen ernst nehmen und unseren künftigen Lebensstil überdenken. Dazu gehört auch, dass wir in Dankbarkeit der älteren Generation gegenüber treten, die unter größten Entbehrungen und mit vereinten Kräften nach dem 2.Weltkrieg die Voraussetzungen für den heutigen Wohlstand geschaffen hatte. Es ist nicht der letzte Virus, der die Menschheit derzeit heimsucht. Die folgenden werden durch Mutationen noch virulenter sein und ein Gleichgewicht zwischen der Spezies Mensch und der Mikroben- und Insektenwelt herstellen. Voraussetzung für unsere Immunität ist ein Leben in Harmonie von Körper, Geist und Seele.

„Was hülfe es dem Menschen, wenn er die ganze Welt besäße und nähme Schaden an seiner Seele."

Oder um mit den Worten des römischen Philosophen Cicero zu enden: **„Ut sementem feceris, ita metes."**

(Wie du säst, so wirst du ernten!)

(SK, Sonntag, 22.März 2020)

Trautes Heim, Glück allein?

Türen zu - wir bleib'n daheim,
eingesperrt im Eigenheim.
Gibt ja nichts zu tun da draußen,
vor Tagen schon warn wir einkaufen.
Die Speis ist voll bis an den Rand,
Klopapier ziert jede Wand.
Dosenfutter, kistenweise,
reingekarrt hast Du ganz leise,
dass Dich nicht die Nachbarn sehen,
die meist hinterm Vorhang stehen.
Der Kühlschrank voll, wir sind bereit,
kommen kann die Häuslichkeit!

Ach, wie muss das herrlich sein,
hochzulegen bald das Bein!
Endlich nicht mehr darum sorgen,
was zu tragen ist am Morgen.
Hosenanzug, Kleid, Manschette,
passend dazu Schuh und Kette.
Brauchst Dich weder lang zu grämen,
vor dem Spiegel noch zu schämen.
Unberührt blüht die Haut bald auf,
Pickel und Mitesser wachsen zuhauf.
Auf Schminke kannst Du ruhig verzichten,
für wen auch willst Du Dich herrichten.
Der Schlafanzug bleibt einfach an,
da Dich ja keiner sehen kann.
Statt High Heels nimm die Puschelschuh
und füg den Füßen Gutes zu!
Schon machst Du die ersten Pläne,
für die Zeit in Quarantäne:
Photos sortieren, räumen, wischen,
staubsaugen unter allen Tischen.
Nebenbei ein wenig Heimarbeit,
für den Garten endlich Zeit.

Briefeschreiben, lesen, malen,
Rätsel lösen, Lottozahlen.
Brot backen und Mundschutz nähen,
Blumen pflanzen, Wiese mähen.
Muse und Entspannung pur,
Corona wird ne echt Kur!
Auch wenn dies jetzt nach Chillout klingt,
so mancher bald um Fassung ringt.

Denn hast Du auch daran gedacht,
wer Kind und Kegel jetzt bewacht?
Ab heute unzertrennt für 24 Stund,
leben Vater, Mutter, Kind und Hund.
dicht gedrängt auf wenig Raum,
ein Egotrip geht da wohl kaum.
Das ist für manche ungewohnt,
da Distanz meist die Beziehung schont.
Dank Corona wird's daheim eng,
die Stimmung aggressiv und streng.
So erkennt Papa beim vierten Bier,
das Töchterchen „Marke Pubertier".
Das Handy ständig vorm Gesicht,
das passt der Mama wirklich nicht.
Jeder steht dem Andren Quere,
bald wir Nähe echt zur Schwere.
Wie lässt sich Family-Alltag gestalten,
wenn keiner frei sich kann entfalten?
Keine Kita, auch die Schulen zu,
die sonst verschaffen Eltern Ruh.
Die müssen jetzt mal selber ran,
zeigen, was Erzeuger sonst so kann.
Dabei wird den Eltern klar,
Institution Schule ist echt wunderbar:
Morgens einfach abgeladen,
Bildung kann Jugend ja nicht schaden
Die Kantine sorgt für Mittagstisch,
bei Salat mit Nudeln, frischem Fisch.

Hausaufgaben bei ´nem Freund gemacht,
so trifft man zusammen erst ab Acht.
Da bleibt dann nicht mehr sehr viel Zeit
für traute Familien-Heimeligkeit.

Doch Corona verlangt jetzt ganz neu:
Strikte Hausstandsregeln ohne Scheu.
Erstmals in enge Familienbande gezwungen,
wird gemeinsam gespielt, gebastelt, gesungen.
Kreativität ist nun gefragt,
Beschäftigungstherapie für Kinder angesagt.
Doch das ist wahrlich wenig leicht,
da Outdoor - Angebot nicht ausreicht.
Wenn Plastikband den Spielplatz sperrt,
Klein-Erna laut am Ärmel zerrt,
Streichelzoo zeigt an: *Geschlossen!*,
vor leerem Cafe steht man verdrossen.
Sauna, Fitness, Schwimmbad ade,
nicht mal Shoppen, ach herrje!
Selbst für die Gestaltung der Frisur,
bleiben eigene Hand und Schere nur.
Kein Stammtisch bis auf Weiteres,
wo Vater entlud bislang seinen Stress.
Dazu sind Oma und Opa als Betreuer
die Enkel als Virusüberträger nicht geheuer.
Den Alltag neu gilt es zu organisieren,
und dabei die Nerven nicht verlieren.
Wer kriegt die Zeitung, wer geht ins Bad?
Wer kocht, wer gibt bei Hausaufgaben Rat?
Homeoffice, Haushalt, Familie vereinen,
von früh bis spät auf flinken Beinen.
Da dreht sich alles schnell im Kreis,
drum nach wenigen Tagen ich schon weiß:

Wenn das noch so geht bis Sommer,
krieg ich daheim den Lagerkoller!

(TK, 24.März 2020)

Emotionen und Impressionen
–
Zwischendurch und Mittendrin!

Einsam auf der Schillerstraße,
entferntes Motorengeräusch.
Shutdown!

(TK, 17.März 2020, 8Uhr50)

Die Sonne lacht, die Vöglein singen,
da kann der Tag ja nur gelingen!
Wenn dazu noch der Kaffee duftet,
während Nachbar vis-à-vis fleißig schuftet!

(TK, 20.März 2020, 7Uhr33)

Wenn Stille sich über die Straßen legt
und der Wind die Blätter von den Bäumen weht,
wenn Kälte durch leere Wände zieht
und das Auge vor Andrer Augen flieht,
dann werde Dir Deiner Seele bewusst,
die tief dürstet nach Freiheit und Lebenslust.

(TK, 21.März 2020, 21Uhr14)

Man isst sich durch den Tag!
Liebe Grüße vom sonnigen Westbalkon mit Kuchen, Kaffee,
Bananenmilch und Mozartkugeln.
Corona-Pause!

(TK, 24.März 2020, 16Uhr38)

Die Vierte Fastenpredigt

Liebe Gemeinde,

wir befinden uns inmitten der Fastenzeit. Sie ist überschattet von der Corona-Pandemie, die Angst und Schrecken bei den Menschen ausgelöst hat.

Aus christlicher Sicht will uns die Fastenzeit daran erinnern, sich über den eigenen Lebensstil Gedanken zu machen, ohne dabei den Leidensweg Christi bis zur Kreuzigung zu vergessen. Daran erinnern uns plastische bzw. bildliche Darstellungen der Kreuzigungsgruppe in Kirchen bzw. mancherorts auf dem Kalvarienberg. Gemäß eines chinesischen Sprichwortes *„Einmal sehen ist wie hundertmal hören“* wirken diese Darstellungen nachhaltiger als nur das lateinische Wort: „**Memento mori!**“ Man sollte sich immer wieder mal mit dem Sterben bzw. dem Tod auseinandersetzen, um rechtzeitig vorbereitet zu sein.

Die Menschheitsgeschichte wurde oft genug von Katastrophen heimgesucht, ob Kriege, Hungersnöte, Dürreperioden, sintflutartige Überschwemmungen oder Seuchen. Solange es uns gut geht, vergessen wir schnell solche Nachrichten, insbesondere wenn die Katastrophen nicht gerade vor unserer Haustüre passieren. Als Beispiel möchte ich an den Ausbruch des Vulkans Vesuv erinnern, der im Altertum als erloschen galt und im Jahr 79 nach Christi über Nacht die Städte Pompeji, Herculaneum und Stabiae mit heißer Lava auslöschte. Ich erinnere an die Pestepidemie -Der schwarze Tod-, die in Europa von 1347 bis 1352 Millionen von Menschen das Leben kostete. Man könnte die Reihe solcher fatalen Ereignisse beliebig fortsetzen.

Da wir Deutsche seit dem 2.Weltkrieg vor schlimmen Katastrophen verschont geblieben sind und wir unser Leben nach Plan und Bedürfnissen gestalten konnten, erscheint uns die momentane Corona-Pandemie als außergewöhnlich angsterregend. Dank medizinischen Fortschrittes, bedarfsgerechter Ernährung und Hygienemaßnahmen stieg bei uns in Europa die Lebenserwartung enorm im Vergleich zu früheren Zeiten. Alten- und Pflegeheime platzen aus allen Nähten.

Ausländisches Pflegepersonal muss angeworben werden, um die Betreuung zu übernehmen, denn Sterben soll möglichst lange hinausgeschoben werden, gleich ob die Menschen dabei aus gesundheitlichen Gründen bzw. Behinderungen verschiedenster Art leiden müssen. Überwiegend sind es die Schwächsten, die der „Boandlkramer" Corona im Visier hat, deren Immunsystem alters- bzw. krankheitsbedingt versagt. Das angepeilte Objekt des besagten Virus sind die Lungen, die bei den Insassen der Alten- und Pflegeheime mangels Bewegung und ungenügender frischer Luft erschlaffen. Ebenso sind die langjährigen Raucher gefährdet, deren Lungenbläschen mit Teer „tapeziert" sind; also Orte, wo sich unser „Feind" Corona entfalten kann.

Liebe Gemeinde,
was möchte ich damit sagen? Geboren werden und sterben ist ein natürlicher Vorgang. Gegen die Natur sind unnötig lebensverlängernde Maßnahmen, die zwar medizinisch vielfach möglich sind und als Erfolg publiziert werden, aber bei den Betroffenen nicht selten Schmerzen und unsagbares Leid nach sich ziehen. Darum wäre es hilfreich, sich immer wieder von neuem dankbar an das bisherig Erlebte und Erreichte im Beruf und in der Familie zu erinnern, um im Alter JA zum normalen Lebenszyklus zu sagen, der mit dem Tod endet.
Ich vertrete hierbei nicht die Theologie des Leidens Christi, die vielfach den Menschen eingeredet wird, um missliche Lebenssituationen besser ertragen zu können. Darum begrüße ich das Urteil des Bundesverfassungsgerichtes vom Februar 2020, wonach es ein Recht auf selbstbestimmtes Sterben gibt. Ich bin davon überzeugt, dass sich künftig nicht Wenige in den Alten- und Pflegeheimen vom unsinnigen Leidensweg erlösen lassen.

(SK, Sonntag, 29.März 2020)

Heureka! – Das Lebenselixir

Der Impfstoff dauert noch so lang,
darauf ich nicht mehr warten kann!
Drum darf ich Euch verraten hier,
mein Anti-Corona-Elixir:

Schneid drei Zehen Knobi fein,
misch Zwiebeln und Zitrone rein,
Küchenkräuter, Quark dazu,
Ingwer gehackt als Extra - Clou.
Kukuma verleiht die gelbe Note,
den Kick erst gibt die Chilli-Schote.
Ne Prise Pfeffer, Zimt und Salz,
sämig gerührt mit Schweineschmalz.
Nimm Rizinusöl, nur wenige Tropfen,
zerriebene Blätter von Efeu und Hopfen.
Verfeinert wird zum guten Schluss
mit einem Apfelessigschuss.
Du brauchst nun gar nicht lang zu warten,
kannst die Anti-Corona-Kur gleich starten.
Genieß 3mal täglich die Leckerei,
ob morgens, mittags – das steht Dir frei.

Doch eines solltest du vorher nicht vergessen:
den Weg zur Toilette gründlich zu messen!

(TK, 30.März 2020)

Des Rätsels Lösung

Wegen Corona in einer mehrstöckigen Wohnung „eingesperrt",
der Bürger mit Vorliebe kräftig an der Klo-Rolle zerrt.

Auf engstem Raum für Wochen der gewohnten Freiheit beraubt,
muss er häufiger auf's stille Örtchen als er selber glaubt.

„Hier bin ich Mensch, hier kann ich sein",
weder die Frau noch die Kinder kommen jetzt rein.

In Ruhe was lesen, per Handy flirten oder eine Zigarette rauchen,
von der Rolle Blatt für Blatt nehmen und die Spülung gebrauchen.

Zu lange darf der Schwindel auf dem Örtchen nicht sein,
denn die Gattin will auch mit ihren Geheimnissen rein.

Und so sehe ich schon den Grundwasserspiegel enorm sinken,
das Wasserwirtschaftsamt wird bald mit Verboten winken.

Am Ende des Jahres bringt die Wasserrechnung es an den Tag,
dass der hohe Verbrauch an den Folgen des Corona-Virus lag.

(SK, 02.April 2020)

Die Fünfte Fastenpredigt

Liebe Gemeinde,

kein Tag vergeht ohne das derzeit meistgebrauchte Wort Corona. Je mehr Kommentare einschließlich der täglichen Fallzahlen verschiedenster Autoren und Institutionen in den Medien gebracht werden, umso erdrückender erscheinen uns die von der Politik erlassenen Präventivmaßnahmen wie Ausgangssperre, Mindestabstand, Atemschutzmasken u.ä. Das bedeutet eine enorme psychische Belastung für nicht wenige Menschen, woraus psychosomatische Krankheiten, Suizidversuche, Streitigkeiten und häusliche Gewalttragödien in Familien entstehen. Die Nachricht, dass die Frauenhäuser überfüllt sind, bestätigt die enorme Belastung infolge persönlicher Einschränkungen und Verzicht auf lieb gewonnene Gewohnheiten. Noch dramatischer ist die Situation in Alten- und Pflegeheimen, wenn die Insassen weder von ihren Angehörigen und Freunden besucht werden noch ins Freie, z.B. im Rollstuhl oder mittels Rollator, dürfen. Depressionen machen sich breit. Da nicht wenige Pflegebedürftige unter Demenz leiden, werden diese „unmenschlichen" Maßnahmen von den Betroffenen nicht verstanden. Sie vegetieren vor sich hin, verweigern die Nahrungs- und Flüssigkeitsaufnahme, so dass sie infolge Versagens verschiedener Organe (Leber, Niere) dahin-siechen. Das ständige Sitzen bzw. Liegen bedeutet zudem geringe Atemtätigkeit und folglich ungenügend Reinigung der Lunge mit Anfälligkeit für Lungenentzündung bzw. Einnistung aller möglichen Keime, z.B. „Corona"-Virus. Ebenfalls ist die Darmtätigkeit enorm reduziert. Hinzu kommt, dass bei älteren Menschen generell die Antikörperbildung vermindert ist bzw. versagt, insbesondere wenn bereits andere Erkrankungen vorliegen.

Die Pflegekräfte sind enorm belastet, zum einen durch die Mehrarbeit, zum anderen durch die Ungewissheit möglicherweise ohne die einschlägigen Symptome infiziert zu sein, was ein hohes Infektionsrisiko für die Insassen bedeuten würde. Für tröstende Worte ist bei vollem

Arbeitspensum die Zeit zu knapp. Tägliche Fernsehberichte bestätigen die beschriebene Situation.

Ganzheitsdenken ist nun gefragt. Wir Menschen sind ein Teil des globalen Biosystems, wozu auch die Mikrobenwelt der Viren, Bakterien u.ä. zählen. Sie sind evolutionsgenetisch unsere Vorfahren. Ob es sich um Menschen, Tiere, Pflanzen oder Kleinstlebewesen (z.B. Mikroben) handelt, so kämpfen sie alle um Überleben und Fortpflanzung, sind dabei untereinander mehr oder weniger starke Konkurrenten.

Zum besseren Verständnis betrachten wir mal den Wald, der für den Menschen ein lebensnotwendiges Biotop ist. Sobald Umstände wie z.B. lang anhaltende Trockenheit die Bäume schwächen, sind Schädlinge (z.B. Borkenkäfer) im Vorteil, vermehren sich und verursachen das gefürchtete Wald-sterben. Ähnlich verhält es sich beim Wild. Ist eine Spezies geschwächt und kann sich nicht wehren, dann ist es den Übergriffen des Stärkeren ausgeliefert und wird zum Opfer („Darwinismus"). Doch nicht alle werden vernichtet. Einige reagieren durch „klügeres" Verhalten erfolgreich, können überleben und vererben die erworbene „Intelligenz" an die nächste Generation.

Ähnlich hat sich der „homo sapiens" vom Höhlenbewohner über Jahrtausende zum hoch zivilisierten Menschen der Gegenwart entwickelt. Auf diesem „Erfolgsweg" mussten jedoch Millionen von Menschen infolge Krankheiten (Seuchen, Pest u.ä.), Naturkatastrophen, Kriege sterben. Wiederum überlebten die „Stärkeren" dank ihrer Gesundheit und Intelligenz und pflanzten sich fort. Hinzu kam der medizinische Fortschritt bei der Bekämpfung der Mikroben (Impfseren, Antibiotika) und ein hygienisches Bewusstsein der Menschen, so dass die Lebenserwartung von ca. 40 Jahren im Mittelalter auf heutzutage etwa 80 Jahre enorm zunahm und die Weltbevölkerung sprunghaft wuchs.

Wir sollten uns aber nicht aufgrund der medizinischen Erfolge zu sicher fühlen. Der Wettlauf zwischen den Anstrengungen um die Gesundheit des Menschen und der krankmachenden Wirkung der Mikrobenwelt bleibt bestehen, wobei der Mensch trotz medizinischen Bemühungen immer hinterher hinkt. Viren lassen sich nicht vernichten, auch wenn sie vorübergehend medizinisch in Schach gehalten werden. Sie mutieren zu höherer Virulenz, wenn sie über die Tierwelt als „Zwischenwirt" (z.B. Fledermäuse, Schlangen usw.) auf den Menschen übertragen werden. Ähnlich verhält es sich bei den Bakterien, die mittels Antibiotika bekämpft werden und infolge zunehmender Resistenz für den Menschen immer gefährlicher werden (polyresistente Keime).

Konnte man früher Erkältungskrankheiten mit einfachen Mitteln wie Schmalzwickel, heißer Zitronentee oder Gurgeln mit Salzwasser heilen, so greift der Normalverbraucher, weil alles schnell gehen muss, zu pharmazeutischen Präparaten, worauf die Keime vorübergehend unwirksam, aber nicht vollständig vernichtet werden. Hatten sich die Höhlenmenschen mit Pfeil und Bogen bekämpft, so bedrohen sich die Nationen heutzutage mit Raketen, Panzern und schlimmstenfalls mit Atomwaffen. Allerdings sind diese Waffen wirkungslos gegen den globalen Feind aus der Mikrobenwelt, was wir alle gegenwärtig erleben.

Übertragen wir das Beispiel vom Waldsterben auf mögliche Einflüsse, die die Widerstandskraft des Menschen gegen die Angriffe des viel zitierten Virus CORONA schwächen und folglich das Kräftegleichgewicht zugunsten von Infektionen verschiedenster Art stören.

Hier fällt mir die Geschichte von der Vertreibung aus dem Paradies ein (1.Mose 3): „ ...im Schweiße deines Angesichtes sollst du dein Brot essen, bis du wieder zu Erde wirst... "

Im Widerspruch dazu war der „homo sapiens" bestrebt, sein Leben so angenehm wie nur möglich zu machen. Dank technischer Erfindungen bis zur „Perfektion", gleich ob im Berufsleben, im Haushalt oder im Urlaub werden immer mehr Tätigkeiten von Maschinen und Robotern übernommen in einer digitalen Welt.

Paradiesische Verhältnisse? Zunächst scheint es so zu sein. Doch der Schein trügt mit enorm hohen Folgekosten für das Gesundheitswesen.

Über Jahrtausende sind Physiologie und Anatomie des Menschen geprägt worden aufgrund körperlicher Arbeit. Die überwiegend sitzende Tätigkeit im 21. Jahrhundert verursachte bei vielen Menschen Übergewicht, Diabetes mellitus, Skeletterkrankungen im Rücken, in den Hüften und Knie, Muskelschwäche und Herz-Kreislauf-Störungen und Neigung zu Lungenerkrankungen infolge zu geringer Atemtätigkeit. Verstärkt wird die Situation durch Rauchen und überhöhten Alkoholkonsum. Der Mensch ist nicht mehr durchtrainiert und damit ist sein Immunsystem anfällig geworden. Zudem belasten Nebenwirkungen ärztlich verschriebener Pharmaprodukte einzelne Organe wie Nieren und Leber. Hinzu kommen allerlei Stressoren im Beruf und in der Familie sowie der vermeintliche Zwang, die Freizeit, sei es am Wochenende oder im Urlaub, voll mit Events verschiedenster Art auszufüllen, um ja nichts zu versäumen. Das bedeutet Adrenalin pur mit enormer Schwächung der körperlichen Widerstandskraft.

Das derzeit letzte Glied der Evolutionskette hat sich mit seinem dekadenten Lebensstil von seiner naturgegebenen Bestimmtheit übermütig entfernt, vergleichbar mit einem Kind, das sich die Frage stellt: „Wie weit kann ich ungehorsam sein, bis meine Eltern mich bestrafen?" Denn: „Wer nicht hören will, muss fühlen."

Liebe Gemeinde,
was kann der Einzelne tun, um ein gewisses Gleichgewicht zwischen Abwehrkraft und Virulenz von Infektionserregern wiederherzustellen?

Die Lösung lautet: Sich an der Natur orientieren, da wir Teil des globalen Biotops sind, diese schützen und die eigenen Begierden auf Kosten der Natur zurückfahren. Mit der eigenen Gesundheit nicht fahrlässig umgehen, so verführerisch die vielen Angebote auch sein mögen. Ich zitiere hierzu den Philosophen SENECA: *„Was auch immer du tust, mache es klug, bedenke aber das Ende."*

Beispielsweise sollen gemäß der Bayerischen Verfassung die Schulen nicht nur Können und Wissen vermitteln, sondern auch Herz und Charakter bilden, also Werteerziehung und Persönlichkeitsbildung. Hierzu gehören **Dankbarkeit** und Vertrauen. Sie sind Zwillingsschwestern. Wenn sie fehlen, kommen Frust und ständiges Jammern auf. Wer jedoch aus innerstem Herzen Dank sagen kann, kann auch mal zurückstehen und nicht den letzten Vorteil für sich erzwingen. Denn aus Gier, immer mehr haben zu wollen, entstehen zwangsläufig Verhaltensstörungen, Depressionen und schließlich Krankheiten. Denn wer den Hals nicht voll kriegt und vor lauter Hektik nur noch herumwühlt, wird zum verbitterten Einzelkämpfer und zerstört die Gemeinschaft, die derzeit in der Krise dringend notwendig wäre. Das seelische Wohlbefinden ist genauso wichtig wie die körperliche Gesundheit. Von den alten Glaubensvätern ist folgendes Wort überliefert: „Die Hölle hetzt, der Himmel hat Zeit".

Das griechische Wort *crisis* lässt sich auch als Wende interpretieren:

Das eigene Hinterfragen des Bestehenden, Offenheit für Neues, andere Wege zu gehen, an die man selbst noch nicht gedacht hat. Selbstreflexion bewahrt einen vor Kurzschlusshandlungen. Wer also geistig beweglich, motiviert und gut ausgebildet ist, wird auch in Zukunft gefragt sein und seinen Weg machen.

Dazu wünsche ich Ihnen Mut, Ausdauer und die nötige Kraft.

(SK, Sonntag, 05.April 2020)

Ausgangssperre

Stille herrscht in allen Gassen,
von heut auf morgen – man kann's kaum fassen!
Die Letzten ham's endlich kapiert,
den Kampf gegen den Virus man sonst verliert!
Ausgefeiert hat es sich,
für manche sicher ärgerlich:
„ICH und Angst vor einer Krone,
das interessiert mich wirklich nicht die Bohne!"
Shutdown lautet das Gebot der Stunde,
Corona zieht weltweit die Runde.
Unterhaltung, Konsumrausch und Fun,
was Mensch von heute halt so kann,
ist bundesweit jetzt eingestellt,
ganz egal, ob dir's missfällt!
Grenzen dicht, Riegel verschlossen,
mit strikten Regeln wird geschossen.
Ausgangssperre, separiert,
kein Spaziergang, Cafeklatsch zu viert.
Der Mensch – Herdentier seit Urzeiten,
hat damit seine Schwierigkeiten.
Doch Not macht bekanntlich kreativ,
drum an die Balkone man sich zusammenrief.
Dort wird geklatscht, gesungen, geweint,
mit den Helden der Stunde gefühlt vereint.
Ärzten und Verkäufern wollen wir danken,
die versorgen uns und all die Kranken.
Sie halten das Leben noch am Laufen,
damit Du weiter kannst einkaufen.

(TK, 06.April 2020)

Die Landwirtschaft kann uns retten

In Corona-Zeiten, wo unser Alltag eingeschränkt ist
und so mancher Liebgewonnenes vermisst,
greift er zu allem aus Angst, jedoch mit Mut,
bei Klopapier gerät er sichtlich in Käuferwut.
So sind nicht selten die Regale leer
und mancherorts gibt es keine Rolle mehr.

Doch mehr als Papier braucht der Mensch Mittel zum Leben,
die Landwirtschaft kann uns die Nahrungsmittel geben.
Brot, Milch, Butter, Käse, Fleisch, Eier sind genug im Angebot,
nur so bleibt unsere Ernährung ausgeglichen im Lot.

Eine 5-Tage-Woche kennt unser heimischer Nutztierhalter nicht,
täglich füttern, melken, Mastvieh bringen auf optimales Gewicht.
In guten Zeiten werden die Landwirte zu Unrecht kritisiert,
worüber sie sich fühlen irritiert.
Tun sie doch alles zum Wohle der Natur,
pflegen Feld, Wald und Wiesen, ja die ganze Flur.

Bei Spaziergängen im Freien kann Corona-Virus nicht bestehen
und wird an den UV-Strahlen der Sonne zugrunde gehen.
Frei atmen können ist ein großes Geschenk im Leben;
ein jeder kann mit seinem Verhalten nach diesem Glück streben.

Dem Hundebesitzer sei es ins Gewissen gesagt,
wenn er seinen Liebling über Wiesen und Weiden jagt.
Bekanntlich bringt Bewegung den Darm in Schwung,
der Köter entleert auf bestem Viehfutter seinen Dung.
Das „beschissene" Futter verschlingen die Kühe mit großem Biss
und schon haben sie aufgenommen den Erreger „*Neospora canis*".
Als Zwischenwirt scheidet der Hund den gefährlichen Erreger aus,
der verursacht infolge Abort ungeborenen Kälbern den Garaus.

Darum Hundehalter: Nimm eine Tüte mit für den Hundkot,
das ist für dich außer der Hundesteuer ein wichtiges Gebot!
Schämst du dich, die „Losung" ordnungsgemäß aufzuheben,
dann rat ich dir, vorbeugend deinem Liebling Pampers anzukleben.
Die Nutztierhalter werden dir dankbar sein
und dein Gewissen ist wohltuend rein.

(SK, 07.April 2020)

Homo homini lupus est?!

Man sollte meinen in schwerer Zeit,
herrscht Rücksicht und Nächstenliebe weit und breit!
Doch leider ist dies ein Irrglauben,
da manche Mitmenschen sich zu viel erlauben!
An Schutzmasken herrscht im Krankenhaus Bedarf,
doch Gesunde sind päckchenweise darauf scharf.
So möchte ich erst gar nicht wissen,
wie viele sie daheim horten unterm Kissen.
Auch scheint zu herrschen großer Mangel,
denn im Kaufhaus gibt's um Klopapier Gerangel.
Ausgangsbeschränkungen sind der Coronakrise geschuldet,
doch Sport in der Natur wird für Einzelgänger geduldet.
Rücksicht aufeinander nehmen lautet das Gebot der Stunde,
Landesvater Söder mahnt daher in wöchentlicher Kunde.
Doch ist auf Radwegen noch zu viel los,
was denken sich die Menschen dabei bloß?
Hier schießen Raudi-Sportler dicht vorbei,
zu eng, zu schnell, ganz einerlei.
Auch nebeneinander oder gar zu dritt,
der Breitspur-Anhänger muss auch noch mit.
Dort wird der Weg einfach blockiert,
anstandslos wild umrangiert.
Dabei lauthals gesprochen, gepfiffen, gelacht,
das Mindestabstandgebot ihnen nichts ausmacht.
Wenn da braver Bürger nicht schnell wegguckt,
wird er gar am End noch angespuckt.
Auch Party-Cliquen kann man beizeiten begegnen,
am See, im Hof, auf einsamen Waldwegen.
Zum Picknick und Lagerfeuer trifft man sich,
und ignoriert das Kontaktverbot schlicht.
Purer Egoismus wird trotz Krise ausgelebt,
wenn keiner den strengen Finger dagegen erhebt!

Geduld rettet Leben! – Pah, Corona kann mich mal,
warum soll ich mich schützen mit Maske und Schal?
Mich trifft´s ja nicht, bin viel zu jung,
ICH hab keine Angst vor Ansteckung!
Warum soll ich im Haus wochenlang bleiben,
wo nur Risikopatienten an Corona leiden?
Neben solchen Revoluzzern gibt's auch diese,
die speziell einhalten die Schutzdevise.
So stellt mancher Nachbar seinen Müllsack,
gefüllt mit Windeln, Essen, Hundekack,
vor seine Tür ins Treppenhaus,
wo jeder vorbeigeht, welch ein Graus!
Da dampft dann gern mal über Nacht,
das Abfallaroma im Häuserschacht.
Hauptsach' - die eigne Stube drinnen bleibt rein,
außerhalb davon muss Hygiene ja nicht sein!

Wenn ihr nun denkt: Was sind denn das für Gschicht'n?
Die kann sie ja nur frei erdichten.
Leider darf ich euch hiermit sagen,
dass ich wahrheitsgetreu muss klagen.
Wer es mir dennoch nicht abnimmt,
prüft in der Zeitung, ob's auch stimmt.

Und die Moral von diesem Gedicht,
vertrau in der Krise den Menschen lieber nicht!

(TK, 08.April 2020)

Predigt zu Karfreitag

Liebe Gemeinde,

Karfreitag fällt heuer in eine Zeit der Corona-Infektion, in der uns globales Leiden und Sterben vieler Menschen in den Medien vor Augen geführt werden. Angesichts der täglichen Schreckensbilder findet das Gedenken des gekreuzigten Christus vor 2000 Jahren kaum Beachtung, zumal in den Kirchen keine Gottesdienste stattfinden.

Dieser Leidensweg war geprägt von Einsamkeit und Demut: *„Mein Vater, ist`s möglich, so gehe der Kelch des Leidens an mir vorüber; doch nicht wie ich will, sondern wie du willst."* Seine Jünger fand er nur schlafend im Garten Gethsemane. Vor dem Verhör verleugnete Petrus seinen Herrn. Als Jesus verurteilt und hingerichtet wurde, war keiner der Jünger mehr zu sehen. Und die Volksmenge einschließlich der Hohenpriester schrieen in blindem Fanatismus: *„Kreuziget ihn!"* Der Menschensohn geht dahin, wie von ihm geschrieben steht (vgl. Mk 14/21). Der Volksmenge ging es nicht um das Recht, sondern um Befriedigung ihres Hasses gegen Jesus. Pilatus ließ sich von den Juden zu dieser römischen Todesstrafe der Kreuzigung erpressen: *„Wenn du diesen freilässt, bist du des Kaisers Freund nicht mehr."* Am Kreuz rief Jesus: *„Mein Gott, warum hast du mich verlassen"* und *„Vater vergib ihnen, denn sie wissen nicht was sie tun."*

Nach allen vier Evangelien wurde Jesus weder von seiner Familie (Eltern und Geschwister) noch von seinen Jüngern begraben (vgl. Mt 27/61; Mk 15/47; Lk 23/55); er wurde von Dritten begraben. Es waren auch nicht zwei reiche und fromme Männer, die ihn begruben. Es waren die Römer, die ihn in einem Massengrab vergruben (Apg.13/29): *„...die, die ihn hinrichteten, waren die, die ihn begruben."*

Es war wohl ein armseliges Begräbnis. *„Christus Tiberio imperitante per procuratorem Pontium Pilatum supplicio adfectus est"*; Christus wurde unter Tiberius von dem Statthalter Pontius Pilatus hingerichtet (Annalen 15,44).

Um das Geschehen der Kreuzigung richtig zu verstehen, darf man nicht vergessen, welche sozialen, politischen und religiösen Umstände zu Lebzeiten Jesu bestanden. Das ganze Land war ein politisches Pulverfass.

Von der Zeit der Makkabäer an (165v.Chr.) bis zum Aufstand des Judenführers Bar Kochbar (132-135n.Chr.) kam es zu 62 Kriegen, die die Juden um ihrer nationalen Unabhängigkeit gegen die römische Besatzungsmacht begannen; 61 davon gingen von Galiläa aus, der Herkunft Jesu. Der Geschichtsschreiber Josephus berichtet:

„So war Judäa eine wahre Räuberhöhle, und wo sich nur immer eine Schar von Aufrührern zusammentat, wählten sie gleich Könige. "

Auch damals kam es zu einem Aufstand gegen Rom. Der römische Legat Varus eilte aus Syrien mit Truppen herbei, um die in Judäa liegende Legion zu schützen. Er schlug den Aufstand nieder, verwüstete Galiläa und Judäa und ließ 2000 Aufständische kreuzigen. Laut Josephus waren Kreuzigungen alltäglich.

Die Sehnsucht des Volkes, endlich mal frei und nicht mehr bevormundet zu sein, war sehr groß. Das Volk war ungeduldig und konnten es nicht mehr erwarten, wann sich endlich die Verheißungen der Propheten nach einem erlösenden Messias erfüllen würden.

Denn ihre Geschichte war voll von Sklaverei und Vertreibungen:

- Mose führte ca. 1400v.Chr. sein Volk nach 400-jährigem Frondienst unter den Pharaonen aus Ägypten ins gelobte Land Kanaan.

- Während des assyrischen Weltreiches (Hauptstadt Ninive) eroberte Salmanassar 721v.Chr. Samaria und führte 27.000 Israeliten in die Verbannung ohne Rückkehr.

- Im Babylonischen Weltreich (Hauptstadt Babylon) eroberte und zerstörte Nebukadnezar 587v.Chr. Jerusalem samt den Tempel und führte den größten Teil des Volkes ins Exil.

- Von 539 bis 333v.Chr. standen sie unter persischer Oberhand. Jedoch ermöglichten Cyrus und Darius den

Israeliten wieder die Heimkehr und den Wiederaufbau Jerusalems und des Tempels.

- Die Römer übernahmen das Erbe von Alexander des Großen (griechisches Großreich) und eroberten alle Länder rings um das Mittelmeer. 63v.Chr. wurde Palästina eine römische Provinz, die von jüdischen Marionettenkönigen (37v.Chr. bis 44n.Chr) regiert wurde. Die fortwährende Auflehnung der Juden führte 70n.Chr. zur Besetzung und Zerstörung Jerusalems und des zweiten Tempels durch Kaiser Titus (siehe Titus-Bogen in Rom).

Während der Jahrhunderte langen Verbannung waren die Juden mit dem Gedankengut der jeweiligen Kulturen konfrontiert, woraus sich Gruppierungen mit unterschiedlichen Richtungen entwickelten. Während zur Zeit Jesu die Sadduzäer, die Partei der Vornehmen und Adeligen, die Lehre von der Auferstehung leugneten, folgte die Masse des jüdischen Volkes den Pharisäern und deren Auferstehungsglauben. Die griechische Untersterblichkeitslehre war den Juden schon von den Persern bekannt (Zarathustra im 7./6.Jahrhundert, Begründer der persischen Religion). Die Unsterblichkeitslehre bewirkte, dass nach Auffassung mancher Juden die Seelen der Gerechten sofort in die Höhe des Himmels auffuhren (Jesus am Kreuz versprach dem reumütigen Verbrecher: *„Wahrlich, ich sage dir, heute wirst du mit mir im Paradiese sein"*), so die religiöse Gruppe der Essener, zu denen Jesus gehörte. Josephus schreibt: *„Mit allem Nachdruck sind sie davon überzeugt, dass der Körper vergeht und dass die Materie nicht von Dauer ist, dass jedoch die Seelen unsterblich sind..."* Die Formulierungen über das jenseitige Leben nach dem Tode sind stark von der griechischen Lehre (Platon, Stoiker, griechische Mythenreligionen, Volksglaube) der Unsterblichkeit der Seele gefärbt.

Im Wesentlichen wirkte Jesus in Galiläa. Er verkündigte den nahen Anbruch des Gottesreiches, denn nach jüdischem Glauben steht am Ende des Aufstieges der Welt die Verheißung des Reiches Gottes (*„Mein Reich ist nicht von dieser Welt"*, antwortete Jesus dem Pilatus beim Verhör).

Nach dem messianischen Zeitalter erwartet das Judentum das Reich Gottes. Und dieses wird sein, wenn die Völker *„ihre Schwerter zu Pflugscharen umschmieden werden."* Seine Zuhörer bzw. Nachfolger waren nicht Steuerboykotteure, Widerstandskämpfer, religiöse Freiheitskämpfer, Terroristen gegen die Römer: Es waren Fischer, Bauern, Handwerker, Zolleinnehmer des heimatlichen Galiläa, die ihr enges Berufsdasein mit einem Wanderdasein zu vertauschen bereit waren. Er hat ihnen als Losungswort der Nachfolge das Gebot der Armut auf der Wanderung gegeben (Bergpredigt Matth.5,3-12) und sprach in Gleichnissen. Als seine Kerngruppe wählte er 12 Jünger aus als Repräsentanten des 12-Stamme-Volkes, die mit ihm zogen. Mit ihnen ging er nach Jerusalem, um die neue Bewegung mit der Botschaft von der Gotteskindschaft den alten Gewalten des Landes gegenüberzustellen und so eine Entscheidung herbeizuführen. Die Schriftgelehrten wunderten sich über sein Wissen und seine Interpretation der Thora (5 Bücher Mose). Er kritisierte den Lebensstil der Hohenpriester, weil sie nicht nach dem „Gesetz der Gebote" handelten. Für den gläubigen Juden galt Handeln nach den Buchstaben der Thora und Hören auf die Stimme des Geistes. So warnten die Propheten vor Prunk und Macht. Sie stellten den veräußerlichten Formen des Gottesdienstes den Glauben gegenüber. Man warf sie ins Gefängnis, man steinigte sie, man schmähte sie. Sie waren die Revolutionäre Gottes. Der Höhepunkt des Anstoßes war die Tempelreinigung durch Jesus. Unter Begeisterung der Jünger und vieler Menschen zog Jesus in Jerusalem an Palmsonntag (Gedenktag an den Auszug aus Ägypten, einwöchiges Passahfest) ein und wurde begrüßt mit Gesang *„Hosianna dem Sohne Davids! Gelobt sei der da kommt im Namen des Herrn! Hosianna in der Höhe!"* Das Volk sah in ihm den erwarteten Messias, der nun endlich die römische Vorherrschaft beenden sollte. Die Messiashoffnung ist eine alte Hoffnung. Trauer und die Tränen der Menschheit haben immer auf einen Retter gehofft, der die Menschen aus allem Elend befreit und erlöst (Christus der Erlöser). Wann endlich würde die Verheißung der Befreiung erfüllt werden?

Schon Jesaja hatte jene Botschaft verkündigt, der viele Juden die Hoffnung auf das Kommen des Messias entnahmen. Die Rolle eines Messias wurde Jesus nahe gelegt aufgrund der Weissagung des Propheten Sacharias (Sach.9.9; 520v.Chr.): *„Du Tochter Zion, freue dich sehr und du Tochter Jerusalem jauchze. Siehe, dein König kommt zu dir, ein gerechter und ein Helfer, arm und reitet auf einem Esel, auf einem Füllen der Eselin."*

Doch die Begeisterung verwandelte sich schnell in eine große Enttäuschung, als er dem Volk eine düstere Zukunft voraussagte:

„Nun werden deine Feinde über dich kommen und keinen Stein auf dem anderen lassen, darum, dass du die Zeit nicht wahrgenommen hast, da das Heil nahe war. Jerusalem, Jerusalem, die du tötest die Propheten und steinigst, die zu dir gesandt sind....,siehe euer Haus soll euch wüst gelassen werden"….. „Und da er in Jerusalem einzog, erregte sich die ganze Stadt."

Wer hört schon gerne Warnungen und Vorwürfe?

Die römische Besatzungsmacht befürchtete größte Unruhe im Volk, da immer wieder Aufrührer für Chaos sorgten, was sofort von der römischen Besatzungsmacht unterbunden werden musste. Für die Hohen Priester war Jesus mit seiner Lehre ein Dorn im Auge. Also wurde seine Gefangennahme veranlasst. Die Enttäuschung des Volkes und die Wut der „Geistlichkeit" endeten letztlich darin, dass sie den Statthalter Pilatus zur Kreuzigung des unschuldigen Jesus, *„ich finde keine Schuld an ihm"*, erpressten. *„Ich bin unschuldig am Blut dieses Gerechten. Sehet ihr zu!"* (Mt 27/24). Und das ganze Volk spricht daraufhin: *„Sein Blut komme über uns und unsere Kinder."* Mt 27/25).

Kraft seines Amtes hätte Pilatus Jesus freilassen können. Er fürchtete die aufgebrachte Volksmenge, noch dazu am Passahfest, da viele Menschen nach Jerusalem gekommen waren. Mit seinem „Händewaschen" deckte Pilatus auf, dass es sich bei der Volksmenge um eine Meute von Mördern handelte. Somit legte er das Fundament zu einer langen und blutigen Geschichte der Verfolgung und Vernichtung der

Juden als den Mörder Christi. Doch dies war nicht genug. Beim 1.Konzil im Jahre 321 in Nicäa, bei dem der heidnische Kaiser Konstantin den Vorsitz hatte, bestimmte er, dass Christus Gottes Sohn sei und kein Prophet. Also haben die Juden Gottes Sohn umgebracht. Dies wurde von den Christen als Rechtfertigung für die weltweite Verfolgung und Vernichtung der Juden politisch und theologisch sündhaft bis Auschwitz missbraucht.

Leider bieten die Passionserzählungen der vier Evangelien wegen ihrer römerfreundlichen und judenfeindlichen Ausrichtung ein historisch falsches und legendäres Bild.

Liebe Gemeinde,
an Karfreitag sollte die Christenheit in sich gehen und Buße tun über die schrecklichen Vergehen an den Juden aufgrund der Jahrhunderte dauernden Judenbeschuldigung. Christus starb als Märtyrer wie viele Propheten vor ihm. Er wusste genau, was ihn als religiöser „Revolutionär" erwarten würde. Er meinte es gut mit seinem Volk, wurde falsch verstanden und aufgrund ersehnter prophetischer Verheißungen in die Rolle eines Messias, eines Erlösers, von nur einer kleinen Gruppe „gedrängt".

(SK, Karfreitag, 10.April 2020)

43

Im ewigen Kreis

Friedlich senkt sich die Welt in ihr Abendkleid,
Vogelgesang nur erklingt noch weit und breit.

Die Wolken in rosarotes Licht gebadet,
unschuldig, als ob Mensch ihnen nie hätt' geschadet!

Blass zeigt sich am Himmel schon der volle Mond,
selbst der blieb von den Ungesättigten nicht verschont!

Dort funkeln die Sterne gar lieblich und klar
in ihrer zahlreichen, göttlichen Schar.

Am Horizont erhebt sich in schwarzen Konturen der Berg,
was ist doch der Mensch dagegen ein hilfloser Zwerg!

Der versucht, gegen die Schöpfung der Natur
zu kämpfen und herrschen, verändern nur.

Forschen, wissen, verstehen wollen immerzu,
lässt er die wertvollen Schätze denn niemals in Ruh?

Schneller, weiter, höher versucht er zu streben,
hinauszuschieben das scheinbar zu kurze Leben.

Dabei dreht sich die Schöpfung in einem ewigen Kreis,
der Aufgang so prächtig, der Niedergang ganz leis.

Darin das rechte Maß zu finden und halten,
sei Aufgabe des Menschen in all seinem Schalten!

(TK, 11.April 2020)

Predigt zu Ostersonntag

Liebe Gemeinde,

Heute feiert die Christenheit die Auferstehung Jesu. Es ist für sie der höchste Feiertag im Kirchenjahr, ein Tag der Freude und der Hoffnung: „Tod, wo ist dein Stachel, Hölle, wo ist dein Sieg" steht in großen Lettern im Altarbild des auferstandenen, triumphierenden Christus geschrieben. Und die Gemeinde singt:

„Erstanden ist der heilige Christ, der aller Welt ein Tröster ist. Und wär er nicht erstanden, so wär die Welt vergangen. Und seit dass er erstanden ist, so loben wir den Herren Christ, Halleluja."

Das leere Grab Jesu am Morgen des Ostersonntags scheint eine Legende zu sein. Tatsache ist, dass Apostel Paulus, der entschiedenste Verkünder der Auferstehung Christi, zudem der früheste neutestamentliche Schriftsteller, darüber nichts berichtet. Für Paulus hängt zwar das ganze Christentum von der „Wahrheit" der Auferstehung Christi ab:

„Ist aber Christus nicht auferweckt worden, somit ist unsere Predigt leer, leer auch euer Glaube" (1.Kor 15,14).

Er gründet seinen Glauben auf etwas anderes als auf ein leeres Grab. *„Ihr habt ja von meinem ehemaligen Wandel im Judentum gehört, dass ich die Kirche Gottes über die Maßen verfolgte und sie zerstörte, denn ich war ein Eiferer für die Überlieferung meiner Väter. Als es aber Gott gefiel, seinen Sohn in mir zu offenbaren, damit ich ihn unter den Heiden verkündigen sollte"* (Gal 1,13ff.).

„Saul, Saul, warum verfolgst du mich?"

Aus einem Saulus wurde der Apostel Paulus. Er war aufgrund dieser persönlichen Erfahrung überzeugt, dass der auferstandene Christus ihm begegnet sei, um ihm einen Auftrag als Heidenapostel zu erteilen (vier Missionsreisen nach Antiochien, Cypern, Syrien, Mazedonien, Athen, Korinth, Ephesus, Tyrus, Cäsarea, Jerusalem und Rom). Auf Betreiben der Juden wurde Paulus von den Römern zur Zeit des Kaisers Nero gefangen genommen und zwischen 64 und 68 enthauptet.

Von Kindheit an waren Paulus die heiligen Schriften vertraut, und er bemühte sich, das Gesetz in allen Stücken zu halten. Seine Eltern sandten ihn nach Jerusalem, damit er dort zu einem Schriftgelehrten herangebildet würde. Er schloss sich der Partei der Pharisäer an und wurde seines Eifers und seiner Tatkraft wegen zum Kommissar für die Bekämpfung der Christen bestellt. Mit Drohen und Morden ging er gegen die Jünger des Herrn vor und brachte viele ins Gefängnis und nicht wenige wurden gesteinigt (z.B. Stephanus, der erste Märtyrer; Apg. 6 und 7).

Der Auferstehungsglaube ist erst um das 2. Jahrhundert vor Christus ins Judentum aufgrund griechischer und persischer Einflüsse eingedrungen. So findet sich im Alten Testament der Auferstehungsglaube erst in dem Buch Daniel ca. 165v. Chr. deutlich bezeugt. Paulus war vor seiner Bekehrung Pharisäer (Phil 3,5). Die Pharisäer und mit ihnen die große Menge des jüdischen Volkes glaubten zur Zeit Jesu an die Auferstehung.

Papst Franziskus vermerkte in seiner Ostersonntagsansprache in Rom vor einigen Jahren: *„Der Glaube beginnt mit der Auferstehung Christi. "*

Liebe Gemeinde,
wie die Natur alljährlich im Frühjahr erwacht und sich erneuert, so sollten wir Ostern als Neuanfang im Denken und Handeln nehmen. CORONA gibt uns in der staatlich verordneten „Ruhezeit" die einmalige Gelegenheit, Unwichtiges von Wichtigem zu trennen, um unseren Lebensstil neu auszurichten. Somit eignet sich Ostern eher für gute Vorsätze als der traditionelle 1.Neujahrstag nach einer turbulenten Silvesterfeier.

Wer den christlichen Auferstehungsglauben nicht nachvollziehen kann, sollte sich an der österlichen „Auferstehung" der Natur erfreuen und dazu beitragen, dass sie uns und den kommenden Generationen erhalten bleibt:

Das Ei als Sinnbild der Fruchtbarkeit,
an Ostern alles grünt und blüht weit und breit.

Vom Winterschlaf ist die Natur erwacht,
der Mensch sich über die wärmende Sonne freut und lacht.

Klar und rein ist die Luft in der Früh,
das Aufstehen bereitet keinerlei Müh.

Heilende Kräfte gehen vom Sonnenlicht aus
und machen der winterlichen Trübsal den Garaus.

Eine vielseitige Flora schenkt uns die Schöpfung,
das bewirkt in uns Freude und Entzückung.

(SK, Ostersonntag, 12.April 2020)

HOFFNUNG

Hoffnung ist, wenn die Augen gen Himmel blicken und
ein Danke geflüstert wird;
wenn die Menschen in die Stille hinein applaudieren und
die „Ode an die Freude" vom Balkon erklingt.

Hoffnung ist, wenn der Duft nach Apfelzimtkuchen
mit ganz viel Streusel durch die Zimmer zieht und
der bunte Liegestuhl auf der Terrasse steht;
wenn die ersten Knospen am Fliederbusch sprießen und
der Bärlauch in dunkler Erde sattgrün leuchtet.

Hoffnung ist, wenn Kinderlachen ertönt und
Tränen der Rührung fließen;
wenn der Himmel meerblau strahlt und
die Vögel munter singen.

Hoffnung ist, wenn die Morgensonne über die Berge spitzt
und ihre Strahlen das Zimmer in goldenes Licht tauchen;
wenn der Kassierer „Schönen Tag!" wünscht und
ein Lächeln in das Gesicht seiner Kunden zaubert.

Hoffnung ist, wenn der Sohn den Vater fragt: Wie geht`s?
und wenn Lippen: „Verzeih mir!" formen;
wenn die Luft nach Frühling duftet und
der erste Zitronenfalter über die Wiese tanzt.

Hoffnung ist, wenn die Wellen silbrig im See glänzen und
die Gärten im Farbenrausch baden,
wenn eine Hand gedrückt und Kraft geschenkt wird.

Hoffnung ist, wenn die Seele sich erhebt und
das Herz mutig zu springen beginnt;
wenn die Sinne friedlich in sich ruhen und
der Geist erkennt: **Es wird alles gut**!

(TK, Ostermontag, 13.April 2020)